BEI GRIN MACHT SICH IHR WISSEN BEZAHLT

- Wir veröffentlichen Ihre Hausarbeit, Bachelor- und Masterarbeit

- Ihr eigenes eBook und Buch - weltweit in allen wichtigen Shops

- Verdienen Sie an jedem Verkauf

Jetzt bei www.GRIN.com hochladen und kostenlos publizieren

GRIN

Isolde A. Kretzschmar

Kritische Analyse des Bildes der Alten in der Werbung und den Medien

Werbung als Kommunikationsprozess

GRIN Verlag

Bibliografische Information der Deutschen Nationalbibliothek:

Die Deutsche Bibliothek verzeichnet diese Publikation in der Deutschen National-
bibliografie; detaillierte bibliografische Daten sind im Internet über http://dnb.d-
nb.de/ abrufbar.

Impressum:

Copyright © 2006 GRIN Verlag, Open Publishing GmbH
Druck und Bindung: Books on Demand GmbH, Norderstedt Germany
ISBN: 978-3-668-01437-4

Dieses Buch bei GRIN:

http://www.grin.com/de/e-book/127074/kritische-analyse-des-bildes-der-alten-in-
der-werbung-und-den-medien

GRIN - Your knowledge has value

Der GRIN Verlag publiziert seit 1998 wissenschaftliche Arbeiten von Studenten, Hochschullehrern und anderen Akademikern als eBook und gedrucktes Buch. Die Verlagswebsite www.grin.com ist die ideale Plattform zur Veröffentlichung von Hausarbeiten, Abschlussarbeiten, wissenschaftlichen Aufsätzen, Dissertationen und Fachbüchern.

Besuchen Sie uns im Internet:

http://www.grin.com/

http://www.facebook.com/grincom

http://www.twitter.com/grin_com

Thema der Arbeit:

Kritische Analyse des Bildes der Alten
in den Medien
(insbesondere Werbung)

Autorin:

Isolde Kretzschmar M. A.

Inhaltsverzeichnis

Inhaltsverzeichnis 2
1. Einführung 3
   1.1. Motivation und Gedanken zum Thema 3
   1.2. Aufbau der Arbeit 3
2. Begriffe und Definitionen 4
   2.1. Bild - Altenbild 4
      2.1.1. Selbstbild 4
      2.1.2. Fremdbild - Altersstereotypen 5
   2.2. Werbung 5
      2.2.1. Zentrale Merkmale 6
      2.2.2. Ziele 6
3. Werbung als Kommunikationsprozess 7
   3.1. Strukturelemente 7
   3.2. Bild als Kommunikationsmittel 8
      3.2.1. Bild als Repräsentation der Wirklichkeit 8
      3.2.2. Bild - Rhetorik 8
      3.2.3. Gestaltung der Bilder 9
   3.3. Bedingungen (Zielgruppe)...10
      3.3.1. Alter..10
      3.3.2. Geschlecht 11
4. Psychologische Funktion der Werbung 12
   4.1. Einstellungsänderung durch Kommunikation 12
      4.1.1. Zentraler Weg der Überredung 12
      4.1.2. Peripherer Weg der Überredung 12
   4.2. Alter als Kommunikationsgrenze 13
5. Stigmatisierung älterer Kunden?...14
   5.1. Hilfsbedürftigkeit und Krankheit...14
   5.2. Ältere als geistig unbeweglich 15
   5.3. Probleme, die Jung und Alt betreffen 15
   5.4. Beschäftigung mit dem Tod 15
   5.5. Familie 16
6. Pädagogische Schlussfolgerung...16
Literatur...18

1. Einführung

1.1. Motivation und Gedanken zum Thema

Auf Grund der demografischen Entwicklung orientiert sich Marketing an einer neuen Zielgruppe: Die Senioren sind durch ihre finanziellen Rücklagen die Kaufkraft von morgen. Aber diese neu entdeckte Kaufkraft orientiert sich an ganz anderen Werten und Interessen als die Jugend hat. So müssen dementsprechend andere Bilder in den Medien gezeigt werden. Da es verschiedene Formen von Werbeträgern gibt - Plakate, Zeitschriftenanzeigen, Werbesendungen usw. - habe ich mich im Rahmen dieser Hausarbeit auf die Printmedien in Zeitschriften konzentriert. Das Ziel der Werbung liegt darin mit psychologischen Methoden die Zielgruppe zu erreichen. Die Senioren sollten sich durch die gezeigte Modellperson angesprochen fühlen und sich mit ihr identifizieren können. Nur über die Identifikation ist die Änderung ihres Konsumverhaltens zu erzielen. Aber mit welchen Altenbildern kann die Werbung ihre Zielgruppe betagter Menschen erreichen? Was muss die Werbung bei der Gestaltung der Printmedien und bei der Bildkommunikation berücksichtigen?

1.2. Aufbau der Arbeit

Um nun die im Abschnitt 1.1. angeführten Fragen beantworten zu können, will ich den Aufbau der vorliegenden Arbeit mit folgenden Punkten gestalten: Zunächst will ich im ersten Kapitel die wichtigen Begriffe, wie Bild und die Werbung, erklären. Beim Altenbild finde ich äußerst wichtig, zwischen Selbstbild und Fremdbild - auch Stereotype genannt - zu unterscheiden. Im Abschnitt 2.2. Werbung will ich ihre zentralen Merkmale und ihre Ziele erläutern. Im nächsten Kapitel 3 werde ich die Werbung als Kommunikationsprozess vorstellen, die Strukturelemente der Werbung kurz beschreiben. Da das Thema sich mit den Altenbildern in der Werbung befasst, finde ich es notwendig, das Bild als Kommunikationsmittel ausführlich zu erläutern. Hier wird das Bild als Darstellung der Wirklichkeit, die Bildrhetorik und auch die Gestaltung der Bilder erläutert. Im darauffolgenden Abschnitt ist es wichtig, die Bedingungen der Zielgruppe zu erfassen. Die Zielgruppe bestimmt die Gestaltung der Werbung. Wenn dargestellte

Bedürfnisse als zum Selbstbild gehörend nicht erreicht werden, läuft die Werbung ins Leere. So ist es wichtig, auf psychologische Funktionen der Werbung zu achten. Die Kommunikation kann die Einstellung zum Produkt bzw. zur Marke beeinflussen. Hier ist es wichtig, zwischen zentralem und peripherem Weg der Überredung zu differenzieren. Auch muss berücksichtigt werden, ob die Werbebranche das Alter der Zielgruppe als Kommunikationsgrenze wahrnimmt. Im letzten Abschnitt will ich mit Beiträgen aus aktuellen Werbeanzeigen gegenwärtiger Zeitschriften wesentliche Merkmale der Altersbilder beschreiben und die Zielgruppe dieser Werbestrategie erwähnen und auch begründen, warum ausgerechnet dieses Bild vom Senioren verwendet wurde.

2. Begriffe und Definitionen

Zunächst ist es wichtig, dass bestimmte Begriffe - Bild, Alter und Werbung - die im Zusammenhang dieser Arbeit behandelt werden, erst erklärt und definiert werden.

2.1. Bild - Altenbild

In dieser Hausarbeit, die sich mit Altenbildern in der Werbung befasst, muss nun betont werden, dass das Bild als Kommunikationsmittel generell zu betrachten ist. In diesem Abschnitt will ich die persönlichkeitspsychologischen Komponenten in den Mittelpunkt stellen. So sind die Begriffe von Selbstbild und Fremdbild zu beschreiben. Um den Bezug zum Altenbild zu klären, werde ich in den beiden Abschnitten 2.1.1. Selbstbild sowie 2.1.2. Fremdbild auch das Altersbild definieren.

2.1.1. Selbstbild

In diesem Zusammenhang will ich die Theorie über das Selbst erwähnen. Nach William James (1890; vgl. Zimbardo, 1998) wurde das Selbst in drei Einzelteile zerlegt: Als materielles Ich wird der Teil gesehen, in dem das Körper-Ich mit den physischen Objekten der Umgebung in Verbindung kommt. Beim nächsten Part muss das soziale Ich erwähnt werden, bei dem die Aufmerksamkeit auf das Ansehen bei den Mitmenschen konzentriert wird. Das spirituelle Ich - als dritter Teil - sind die dabei persönlichen Gedanken sowie Gefühle in Beobachtung. (Vgl. Zimbardo, 1998) Mit diesen Grundgedanken will ich nun das Selbstbild der Senioren, das von den älteren Personen selbst geschaffene Altersbild, beschreiben. Hier will ich nun die nicht festlegbare Altersgrenze erwähnen. Die gegenwärtigen 70-Jährigen sind im Vergleich mit den damaligen Generationen der 70-Jährigen biologisch jünger. Die Selbstwahrnehmung des Alters verläuft individuell. Die körperlichen Alterungsprozesse verlaufen bei jedem Menschen je nach seiner Vorgeschichte sehr unterschiedlich. Zusätzlich gibt es große Unterschiede in geistiger Vitalität und Abbau. Es ist auch zu bemerken, je rüstiger der ältere Mensch noch ist, desto leichter fällt es ihm, sein wahres Alter zu nennen. Die zufriedene Selbstwahrnehmung des Alters hängt auch sehr von der empfundenen Lebensqualität ab. Diese ältere Personengruppe orientiert sich an dem Selbstbild als rüstige Alte nach ihren Gesundheitsempfinden, finanziellen Spielrahmen sowie positiver Lebenssituation. (Vgl. Reimann, 1994)

2.1.2. Fremdbild - Altersstereotypen
In diesem Zusammenhang sind hier auch die Altersstereotypen zu erwähnen. Bei Befragungen wurden Senioren pauschal oft als krank, isoliert sowie arm eingeschätzt. Aber in den letzten Jahren hat sich diese einseitige stereotype Wahrnehmung jüngerer Mitmenschen über die Senioren geändert. Diese zwischen Altersstufen unterschiedlichen Fremd- und Selbstbilder haben sich im Laufe der Jahre einander genähert. So werden zwar immer noch gern die anderen als älter wahrgenommen und sich selbst schätzt man trotz des biologischen Alters und gleichen Jahrgangs noch als jünger ein. "Je älter man ist, desto später wird man alt, schätzt man sich als alt ein." (Reimann, 1994, S. 53)

2.2. Werbung
Den Bereich Werbung will ich aus unterschiedlichen Perspektiven beschreiben. Als Erstes muss zunächst die Grundlage erklärt werden, auf der die Werbung charakterisiert wird und ihre Ziele abgesteckt werden.

2.2.1. Zentrale Merkmale

Werbung kann mittels zweier zentraler Merkmale definiert werden:

- Kommunikationsvorgang

- Veränderung von Verhalten

So wird Werbung als kommunikativer Beeinflussungsprozess betrachtet, die eine nachhaltige Verhaltensveränderung bei der Zielgruppe bewirken soll. (Vgl. Mayer, 1993) Im weiteren Gedankengang wird festgehalten, dass Werbung zur indirekten Kommunikation gehört. Die Aufgabe liegt darin, "den Marktpartnern zuverlässige Informationen über das Leistungsangebot des Unternehmens, entweder über Einzelprodukte oder über das gesamte Verkaufsprogramm, zu geben." (Preißler, 1996, S. 124) Es wird zwischen Firmen- und Produktwerbung unterschieden. Die erste Form soll ein positives Firmenimage vermitteln, damit die Zielgruppe sich an den Firmennamen orientiert. Bei der Produktwerbung hingegen konzentriert man sich auf die Merkmale und Leistungen einzelner Produkte. Allerdings ist auch eine Kombination zwischen Firmen- und Produktwerbung möglich. Nach Rosenstiel (Vgl. Mayer, 1993) ist Werbung auch "[...] ein Kommunikationsprozess, der einen Sender, einen Empfänger, eine Botschaft und ein Medium umfasst, durch Kommunikationshilfen positiv oder negativ beeinflusst wird, sich in spezifischen Situationen abspielt und zu einem bestimmten Ergebnis führt." (Rosenstiel, 1973, S. 47; zitiert von Mayer, 1993, S. 1) Auf diesen Gedanken gehe ich im Kapitel 3 - Werbung als Kommunikationsprozess - näher ein.

2.2.2. Ziele

Hier müssen im Zusammenhang dieser Hausarbeit bei der Formulierung der Werbebotschaft psychologische Zielpunkte berücksichtigt werden. Da die Werbung Aufmerksamkeit wecken, Interesse steigern sowie den Wunsch zum Kauf als auch die Kaufentscheidung auslösen soll, müssen anreizende Bedingungen wie Emotionen, Gestalt- und Bildpsychologie sowie Aufmerksamkeitswerte von Farben, Typografien und Texten beachtet werden. Im Rahmen dieser Hausarbeit konzentriere ich mich auf Anzeigen in Zeitungen sowie Zeitschriften, die diese genannten Kriterien der

Medienwerbung in zudem auffallender Größe, Gestaltung und Anzeigenzahl bieten. Der Vorteil der gedruckten Medienwerbung liegt in der großen Streuweite. (Vgl. Preißler, 1996)

Es gibt natürlich auch die allgemein formulierten Werbeziele. So wird mit einer Werbestrategie versucht, eine Marke oder Produkt unter der Zielgruppe bekannt zu machen. Da Werbung mit Konkurrenzdenken in Verbindung gesetzt wird, soll natürlich auch die Produkteigenschaft betont werden. Bei der Zielgruppe soll eine positive Produkteinstellung entwickelt und somit eine Steigerung der Kaufabsicht erreicht werden. Natürlich will man mit der Werbung das zukünftige Kaufverhalten positiv beeinflussen. (Vgl. Mayer, 1993)

3. Werbung als Kommunikationsprozess

Wie im Abschnitt 2.2.1. Zentrale Merkmale wurde im Zusammenhang der Aussage von Rosenstiel (1973; zitiert von Mayer, 1993) die Werbung als Kommunikationsprozess betrachtet. So will ich nun im kommenden Abschnitt die Strukturelemente beschreiben. Da sich diese Hausarbeit mit dem Altenbild in der Werbung befasst, wird im nächsten Abschnitt das Bild als Kommunikationsform erklärt. Auch muss in der Werbung das Alter und das Geschlecht der Zielgruppe berücksichtigt werden. Auf diese beiden Punkte gehe ich dann im dritten Abschnitt ein.

3.1. Strukturelemente

Die Werbung als Kommunikationsprozess setzt sich aus folgenden Strukturelementen zusammen. Der Sender der Werbung eines Produktherstellers ist die jeweilige beauftragte Einrichtung, Marketingagentur usw.. Die Werbeziele bestimmen die Gestaltung der Werbebotschaft, die Kommunikationsprozess genannt wird. Um die auserwählte Zielgruppe erreichen zu können, wird ein geeignetes Übertragungsmedium gewählt. Als Beispiele sind als Werbemittelträger die Printmedien (Zeitungsanzeigen, Prospekte), elektronischen Medien (Werbespots in Rundfunk und Fernsehen) sowie die neuen Medien (Werbung im Internet) zu nennen. Bei der Zielgruppe neuer Kunden will man eine Verhaltensveränderung bewirken. Dazu werden vorab Daten wie Persönlichkeitsmerkmale, demografische Eigenschaften usw. der Zielgruppe benötigt. Um den Werbewirkungsprozess steuern zu können, führt man als Kontrolle einen Soll-Ist-Vergleich durch. (Vgl. Mayer, 1993)

3.2. Bild als Kommunikationsmittel

Das Bild in der Werbung ist ein wichtiges Medium. Mit einem Werbebild soll sich die Zielgruppe identifizieren bzw. darin wieder erkennen. Auf dieser ansprechenden Basis kann das Kaufverhalten beeinflusst werden.

3.2.1. Bild als Repräsentation der Wirklichkeit

Bei der traditionellen Auffassung wird das Bild als Repräsentation der Wirklichkeit betrachtet. Die Bildwirkung resultiert aus dem Bezug zu real existierenden Objekten. Somit verläuft die Informationsverarbeitung bei dieser Art von Bild gegenständlich. Diese Bilder werden vom Rezipienten intuitiv und damit eher affektiv aufgenommen. Die kognitive Informationsverarbeitung wird dabei vernachlässigt. Diese traditionelle Auffassung wird auch von der Physiologie unterstützt. Die rechte Gehirnhemisphäre leitet die kognitive Verarbeitung von Bildern. Diese Gehirnhälfte entschlüsselt und verarbeitet gefühlsbetonte sowie wohlgestaltete Inhalte. Die Experten der Werbung schlossen daraus die Theorie, dass man mit Affekten durch effektvolle Bilder die Zielgruppe emotional eher erreichen kann als mit der bloß sprachlichen sowie schriftlichen Botschaft, die rational verarbeitet wird. Daraus wird geschlossen, dass Bilder die Einstellungen der Rezipienten über die affektive Ebene beeinflussen. (Vgl. Felser, 2001)

3.2.2. Bild - Rhetorik

Felser (2001) greift im Zusammenhang Werbewirksamkeit den theoretischen Gedanken zur Bild-Rhetorik von Scott auf. Es gibt drei Formen zu beachten: Die freie Bildassoziation, Bildmetapher und die Bildanalogie. Bei der Assoziation handelt es sich darum, dass die dargestellte Ware mit unbegrenzt vielen Möglichkeiten in gedankliche Verbindung der Betrachter gebracht wird. Die freie Gedankenverknüpfung wirkt so sehr, dass sie textlichen Vergleich benötigt. Die Botschaft kann nur mit Bildern vermittelt werden. Hingegen wird bei der Bildmetapher das Produkt mit der Bildaussage gleichgesetzt. Als

Beispiel ist hier eine Erbse zu erwähnen, die delikat-glänzend in einer Muschel liegt. Hier wird die Erbse nicht mit der Perle an sich verglichen, sondern die Erbse sei eine Perle. Als Gegensatz ist eine Bildanalogie zu erwähnen. Hier wird das Produkt mit einem entsprechenden Gegenstand verglichen. Die Zielgruppe soll das angepriesene Produkt so wahrnehmen, als hätte es die gleichen Eigenschaften wie das abgebildete Vergleichsmodell. Bei der Werbung für Automarken kann man häufig im Hintergrund die Darstellung von schnellen Tieren, wie Pferde, Jaguare usw. sehen. Hier soll das Auto wie das gezeigte Tier betrachtet werden. (Vgl. Felser, 2001)

3.2.3. Gestaltung der Bilder

Es gibt zwölf Visualisierungs-Methoden der Werbegestaltung nach Scott (Felser, 2001). Zum einen die Ähnlichkeit sehen, die im vorherigen Abschnitt als Bildanalogie zu erwähnen war. Ein Bild kann auch als Beweis verwendet werden. In diesem Zusammenhang spielt das Werbeargument eine entscheidende Rolle, da es die Wahrheit des Angebotes und somit die Angemessenheit der Bildaussage demonstriert. Es gibt auch die herausfordernde Gedanken-Verknüpfung. Bestimmte semantische Zusammenhänge zwischen den Bildteilen werden verwendet, um Erinnerungen an vorhandenes Wissen zu wecken. Die Darstellung von einem Apfel und einer Zielscheibe werden oft mit Wilhelm Tell in Beziehung gesetzt. Auch ein anregender kleiner Teil eines Ganzen kann so genutzt werden. Hier ist die Windmühle als Symbol für Holland zu erwähnen. Eine Bildgestaltung kann auch als erzieherische Warnung dienen: Der Steuersünder landet hinter Gittern. Zur Verstärkung kann das Bild eine Aussage wiederholen. Die Textaussage kann durch eine weitere Botschaft im Bild ergänzt werden. Die Bildwerbung einer bestimmten Creme ist nur für das Gesicht, sticht auf einem anderen Körperteil auffallend platziert ins Auge. Nun ist auch eine Bedeutungsbestimmung zu erwähnen, bei dem der Text eine Aussage einleitet und das Bild führt diese verlockend aus. Bei der Verkoppelung wird das Zielobjekt auf dem Bild mit einem weiteren Objekt in Verbindung gebracht. Das Werbeobjekt wird mit einem Luxusgegenstand in Zusammenhang gestellt. Allerdings wird bei der Verfremdung auf einen Überraschungseffekt des Produktes gesetzt. Hier wird eine Erwartung geweckt, die dann durch das Bild enttäuscht wird. Mit dem Bild kann auch ein Symbol verwendet werden. Es setzt natürlich beim Rezipienten eine gewisse Vorbildung oder Erfahrung voraus. Das Bild des Herzens ist zum Beispiel das Symbol der Liebe. Als Letztes ist nun die Steigerung des Auffallens einer Werbung zu erwähnen. Hier wird die Aussage des Textes bis zur Übertreibung gesteigert. (Vgl. Felser, 2001)

3.3. Bedingungen (Zielgruppe)

In diesem Abschnitt will ich nun gezielt auf die Bedingungen eingehen, die von der Zielgruppe bestimmt werden. Die Zielgruppen haben viele unterschiedliche Bedürfnisse und Merkmale, die bei der Werbung berücksichtigt werden. So muss Werbewirkung dementsprechend auf individuelle Zustands- und Verhaltensmerkmale achten. Die individuellen Zustandsmerkmale setzen sich aus demografischen (Alter und Geschlecht), sozioökonomisch (Einkommen, Beruf, Schichtzugehörigkeit usw.) und psychologischen Merkmalen (Motivation, Kognition, Persönlichkeitsmerkmale usw.) zusammen. Bei den individuellen Merkmalen dreht es sich um generelle Verhaltensmerkmale (Konsumverhalten, Informationsverhalten) und situationsspezifische Verhaltensweisen. Durch diese individuellen Zustands- und Verhaltensmerkmale wird das Marktverhalten in einer Gesellschaft geprägt. Vor allem haben diese einen Einfluss bei der Informationsaufnahme. (Vgl. Mayer, 1993)

3.3.1. Alter

Im zunehmenden Alter lässt die Erinnerung nach. Allerdings konnte man nicht festlegen, ob es an einer Beeinträchtigung der Informationsverarbeitung oder an der zeitlich intensiveren Mediennutzung und damit Abstumpfung oder Sättigung liegt. Aber in einer Studie von Mertz und Stephens (Mayer, 1993), die in den 80er Jahren durchgeführt wurde, konnten folgende Merkmale älterer Personen festgehalten werden. Es wurde nicht nur ein anderer Einkaufsstil, eine andere Bedürfnisstruktur sowie andere Kaufgewohnheiten festgestellt, sondern auch unterschiedliche Eigenschaften innerhalb dieser Alterskohorte. (Vgl. Mayer, 1993)

Altersstereotypen sind nicht angebracht. Es gibt keine homogene Gruppe von Senioren. Es gibt nicht nur im Sprachbild Unterschiede zwischen

Altersstereotypen und Selbsteinschätzung der betagten Generation. Durch den inzwischen hohen Altersunterschied bei dieser Zielgruppe kommt es auch zum differenzierten Konsumverhalten. So ist es nicht verwunderlich, dass die Bedürfnisse eines 65-Jährigen anders einzuschätzen sind als bei einem Hochbetagten. Zusätzlich muss berücksichtigt werden, dass die derzeitige Personengruppe zwischen 55. und 65. Lebensjahr sich in einer Transsitionsphase befindet. Sie müssen sich vom Arbeitsleben verabschieden und sich in ihrem Rentnerdasein neu orientieren. So sind schon unterschiedliche Bedürfnisse in dieser Übergangsphase zu bemerken. (Vgl. Haimann, 2005)

3.3.2. Geschlecht

Soweit es für dieses Thema interessant ist, will ich kurz ein paar Anmerkungen zum geschlechtsspezifischen Verhalten zusammenfassen. Bei der weiblichen Zielgruppe wird eine intensivere Auseinandersetzung mit dem Werbeinhalt der Botschaft festgestellt. Dieses Merkmal führt folglich zu einer höheren Sensibilität für diverse Einzelinhalte der Botschaft. Die männlichen Rezipienten achten eher auf die generelle Linie der Gesamtbotschaft. Hier spielen die Assoziationen im Zusammenhang des Wiedererkennens eine wesentliche Rolle. (Vgl. Mayer, 1993)

Bei der älteren Generation kann man auch geschlechtsspezifische Unterschiede feststellen. Die jungen Alten, insbesondere die Männer, leben nun ihre neu hinzugewonnene Freizeit mit Hobbies aus. Hauptschwerpunkt wird auf die Technik gelegt. Modelleisenbahn und die Restauration von Oldtimern sind die neu entdeckten Steckenpferde. Während ihres Berufslebens hatten sie nicht ausreichend Zeit, sich mit diesen Themen zu befassen. Bei den Frauen kann man feststellen, dass sie sich intellektuell fortbilden. Sie lesen mehr Bücher und besuchen Volkshochschulkurse. Die Geschlechter finden allerdings in der Gestaltung von Reisen wieder zusammen. Beide Geschlechter nehmen an Kulturreisen teil und lassen sich von langen Busreisen nicht abschrecken. Der Grund mag darin liegen, dass sie noch viel kennen lernen wollen und sich beide bewusst sind, dass die Gesundheit und körperliche Fitness im Laufe der Zeit abnehmen werden. (Vgl. Haimann, 2005)

4. Psychologische Funktion der Werbung

In diesem Kapitel will ich kurz die psychologischen Mechanismen vorstellen, nach denen die Werbung ihre Bilder und Botschaften für die Zielgruppe gestaltet.

4.1. Einstellungsänderung durch Kommunikation

In diesem Abschnitt will ich zwei Formen der Kommunikation erläutern. Mit Hilfe von Printmedien will ich die Aussage des zentralen Weges sowie den peripheren Weg der Überredung untermauern.

4.1.1. Zentraler Weg der Überredung

Hier wird geforscht, ob die Person über die Bildkommunikation nachdenkt. So muss viel mit Argumenten in der Werbung gearbeitet werden. In diesem Zusammenhang differenziert man zwischen schwachen und starken Argumenten. Die starken Argumente werden von der Zielgruppe wahrgenommen und dementsprechend verarbeitet. Hingegen arbeiten schwache Argumente bewusst mit Ablenkung. Um die Zielgruppe von den wesentlichen Punkten abzulenken, werden Musik, verfremdete Bilder und weitere Methoden verwendet. (Vgl. Felser, 2001)

Bei dieser Werbung wird die Zielgruppe mit dem Geldscheinmotiv abgelenkt. Das betagte Pärchen umarmt sich lächelnd vor einem Kirchenportal, das als Motiv auf einem Euro-Schein steht. Hier wird mit dem verfremdeten Bild des Geldes und mit dem glücklichen Paar eine vielversprechende Zukunft angekündigt, wenn man Beiträge in einer privaten Pflegeversicherung einzahlt. Weitere Argumente werden nicht verwendet.

4.1.2. Peripherer Weg der Überredung

Die Verarbeitung der Information wird durch vermehrten Einsatz von Außenreizen, die inhaltlich nicht mit der Kommunikation in Verbindung gesetzt werden, beeinflusst. Um die Zielgruppe erreichen zu können, wird oft eine beliebte, bekannte Persönlichkeit aus Rundfunk und Fernsehen für die Produktwerbung eingesetzt. Allgemeine Beliebtheit dieser Person hat inhaltlich nichts mit dem Inhalt der Werbung - also mit dem Produkt - zu tun. Allerdings müssen auch hier ein paar Punkte berücksichtigt werden: Der Expertenstatus des Kommunikators ist in diesem Zusammenhang zu erwähnen. Bei hohem Involvement werden die Argumente der Persönlichkeit in der Werbung kaum noch von der Zielgruppe überprüft. Allein die Beliebtheit und Attraktivität des Kommunikators kann schlechte Argumente für ein Produkt abfedern. Allerdings hängt es auch vom Involvement der Zielgruppe ab. Die auch nonverbale Verhaltensweise, durch ein Lächeln weist auf die Glaubwürdigkeit der Modellperson und somit positiv auf das Produkt hin. (Vgl. Felser, 2001)

Im Zusammenhang von Modellpersonen will ich noch hinzufügen, dass der Einsatz von bekannten Persönlichkeiten, wie z. B. Franz Beckenbauer, Mario Adorf, die der Zielgruppe der älteren Generation entsprechen, nicht unbedingt zum Wahrheitsgehalt der Aussage einer Werbebotschaft beitragen. Hier lässt sich der Konsument von der Bekanntheit der Prominenz eher beeinflussen. (Vgl. Haimann, 2005)

In diesem Zusammenhang will ich hier die Printwerbung mit Senta Berger vorstellen. Hier wird für ein Produkt aus der Pharmaindustrie geworben, bei der die Zielgruppe der Osteoporose vorbeugen soll.

4.2. Alter als Kommunikationsgrenze

In der Marketing- bzw. Werbebranche sind die Mitarbeiter oft unter 35 Jahre alt. Die Kontakte zu Senioren sind weitgehend auf Familienfeste beschränkt. Meistens wird das Bild der betagten Person als gebrechlich wahrgenommen. Daraus ergeben sich Einstellungen in dieser Branche, dass Senioren mit den Wortkreationen von Deutsch- und Englischverknüpfungen nicht zurechtkommen. Auch ist festzustellen, dass Seniorenmodelle in der Werbebranche nur für sie geeignete Produkte, wie Inkontinenzeinlagen, Treppenlifter und sozusagen auf die Pharmaindustrie und Hersteller von Nischenprodukten beschränkt wurden. (Vgl. Haimann, 2005)

Wie im Abschnitt 3.3.2. erklärt, orientieren sich Männer eher an Schlagworten und Frauen wollen mehr Informationen zum Produkt erhalten. Bei Nischenprodukten, wie Inkontinenzeinlagen sowie Medikamenten für geistige Vitalität wird dieses Prinzip - wie bei den beiliegenden Werbeanzeigen dargestellt - angewandt.

Hier ist die farbliche Gestaltung der Werbeanzeigen auffällig: Der Druck in Schwarz-Weiß für die teuren Nischenprodukte, Treppenlift sowie Badewannenlifter. Der Herr mit Gehstock wirkt seriös und die ältere Frau in der Badewanne überglücklich. Beim Badewannenlifter wird auf Detailinformationen mit Step-by-Step-Fotoserie geachtet.

5. Stigmatisierung älterer Kunden?

Ältere Menschen in der Werbung werden weitestgehend lächerlich gemacht oder als hilfsbedürftig und krank dargestellt. Es gibt Kritikpunkte, die ich im Zusammenhang von Vermarktung analysieren will: Tod, Krankheit bzw. Hilfsbedürftigkeit, Inkontinenz sowie mangelnde geistige Flexibilität.

5.1. Hilfsbedürftigkeit und Krankheit

Die Hilfsbedürftigkeit und Krankheit des betagten Menschen soll den noch jüngeren Konsumenten dazu veranlassen, Angst vorm Alter zu bekommen. Er soll dieses Produkt kaufen, um nicht in eine Situation mit Einschränkungen zu geraten. Die Zielgruppe sind junge und auch noch vitale Menschen, die für das Alter vorsorgen sollen. Es wird mit der Vorstellung gearbeitet, wenn man dieses Produkt nicht erwirbt, dass die Zukunft unerfreulich ausfallen wird. (Vgl. Raimann, 2005)

Als Beispiel habe ich nun die Printwerbung von PKV- einer privaten Krankenversicherung, beigefügt. Hier wurde nur der unbekleidete Oberkörper der Senioren abgelichtet; und dass die anonyme Dame wie auch der Herr als Models nicht mehr jung sind, ist an der Halspartie erkennbar. In Sprechblasen wird eine Kommunikation zwischen den Menschen und der Krankenversicherung dargestellt, in der der Senior seine Befürchtung über eine zukünftige Krankheit äußert und die Versicherung ihre Vorzüge für Privatpatienten anpreist. Man reduziert den im Altenbild Menschen hier nur noch auf erkrankte Körperregionen.

5.2. Ältere als geistig unbeweglich

Es gibt Werbespots, bei denen Senioren von der jüngeren Generation auf die moderne Technik aufmerksam gemacht werden. In der Autowerbung ist es der sportliche und intelligente Sohn, der den Vater von den Vorzügen des modernen Autos überzeugen muss. Allerdings fühlten sich viele Senioren als Zielgruppe bei dieser Modellperson nicht angesprochen, da keiner als begriffsstutzig und geistig unbeweglich gelten will. (Vgl. Haimann, 2005)

Als Gegenbeispiel, wie Senioren für die moderne Technik eher spielerisch gewonnen werden können, habe ich das Printmedium von T-Online ausgewählt, das die Zielgruppe betagter Menschen als "Spielkinder" bezeichnet. Dafür ist zum Vergleich eine junge Frau dargestellt, die sie als "Quasselstrippe" etikettiert.

5.3. Probleme, die Jung und Alt betreffen

Es gibt Werbespots, in denen die jüngere sowie die ältere Generation angesprochen wird. Diejenigen, die sich mal mit einer Blasenentzündung plagten, kennen das Problem mit der Blasenschwäche. Manch ältere Dame aber hat das Problem mit der Inkontinenz. In dem man beide Generationen in einem Werbespot vereint, soll das der Zielgruppe Senioren signalisieren, dass auch die jüngeren Menschen mit diesem Problem belastet sein können. Es ist also kein Grund, dass man bei Blasenschwäche dem Leben keine positiven Seiten abgewinnen kann. (Vgl. Haimann, 2005)

Aus dieser Branche habe ich mir die Werbebilder von Hartmann ausgewählt. Hier arbeitet man mit den Schlagworten Sicherheit und Unabhängigkeit. Das sind auch Begriffe, die in der Welt des Senioren eine wichtige Rolle spielen. Auch die Verbindung zwischen Jung und Alt ist vor allem bei der Werbung für Molimed pants active gegeben

5.4. Beschäftigung mit dem Tod

Das Alter wird auch häufig mit dem Thema Tod verbunden. In diesem Zusammenhang will ich gerne diese Printwerbung von der Deutschen Gesellschaft für Humanes Sterben vorstellen. Diese Einrichtung zeigt auf dem Bild einen älteren Schauspieler und Autor, den eigentlich nur die ältere Generation kennen kann. So wird aus meiner Sicht bewusst die jüngere

Generation als Zielgruppe ausgeschlossen, da sie sich mit dem Altenbild prominenter und seriöser Persönlichkeit nicht identifizieren bzw. angesprochen fühlen kann.

5.5. Familie
Zum Abschluss will ich noch eine Werbeanzeige vorstellen:
In einer Fernsehzeitung TV-Spielfilm habe ich eine Werbung entdeckt, die ich als "Ausnahme" erwähnen will:
Hier werden drei fröhliche, schlanke, kultivierte Frauen aus unterschiedlichen Altersgruppen abgebildet. Der Betrachter könnte objektiv meinen, dass hier Enkelin mit Mutter und Großmutter vereint eine Tafel Milka-Schokolade teilen. Das demonstriert, dass diese Werbung sich an die Zielgruppe Frauen jeder Altstufe sich wendet. Hier dürfte auch das generationenübergreifende Modell, dass Jung und Alt die gleichen Bedürfnisse haben, das Motiv sein.

6. Pädagogische Schlussfolgerung
Nachdem nun die wichtigen Merkmale und Ziele der Werbung erläutert wurden und die psychologischen Funktionen der Bildkommunikation in der Werbung beschrieben worden sind, will ich zunächst wichtige Punkte zusammenfassen:
Senioren orientieren sich an ihren individuellen Selbstbildern und lassen sich beim Kauf von Produkten nicht durch Stereotypen beeindrucken. So orientiert sich die Werbung an positiven Personendarstellungen, wenn sie diese Zielgruppe für ein bestimmtes Produkt sowie für eine bestimmte Marke gewinnen will. In diesem Zusammenhang werden gerne positive Schlagwörter, wie Selbstständigkeit, Sicherheit sowie geistige Vitalität verwendet.

Wenn allerdings die berufstätigen Erwachsenen als Zielgruppe ins Visier genommen werden, nutzt die Marketingbranche gerne das Negativbild der Senioren, um eine dementsprechende Vorsorgemaßnahme für das bevorstehende Alter zu schaffen. Hier werden Krankheit, Hilfsbedürftigkeit als Schlagwörter verwendet. Wie sich dies nun in der subjektiven Wahrnehmung des Konsumenten der gegenwärtigen Erwachsenen auswirkt, nimmt man gerne in Kauf. Hier wird gezielt mit der Angst vor dem Altwerden gearbeitet, damit die Erwachsenen vorsorglich sich für dieses Produkt - wie private Pflegeversicherungen - interessieren.

Werbeanzeigen werden auch gezielt in den Zeitschriften platziert, die die Zielgruppe auch durchblättert und liest. So musste ich feststellen, dass ich Werbung für die Zielgruppe Senioren weitgehend in Apothekerzeitungen entdeckt habe. Die Anzeigen für die Zielgruppe junger Personen habe ich in Berufsfachzeitschriften gefunden.

Grundsätzlich will ich festhalten, dass Werbung keine Altenbilder schafft und auch nicht das Ziel verfolgt, dem Rezipienten ein Selbstbild von sich zu kreieren, das nicht der Realität entspricht. Im Gegenteil versucht die Werbung sich nach den Einstellungen und Wünschen der Zielgruppe zu richten. So wird für die Senioren selber immer ein positives Bild verwendet, mit dem sie sich identifizieren können. Bei der jungen Generation versucht die Werbung in Bezug auf Alter eine Angst zu wecken, dass der junge berufstätige Mensch so enden kann, wenn er nicht dementsprechend für die Zukunft vorsorgt. Ob das Bild der alten jüngeren Rezipienten immer als Folge dieser Art von Werbung ein Defizitmodell negatives Bild vom Senioren schafft, möchte ich bezweifeln.

Literatur

Felser, Georg: Werbe- und Konsumentenpsychologie. Spektum Akademischer Verlag GmbH Heidelberg, Berlin 2001

Haimann, Richard: Alt! wie die wichtigste Konsumentengruppe der Zukunft die Wirtschaft verändert. Redline-Wirtschaft, Frankfurt 2005

Mayer, Hans: Werbepsychologie. Schäffer-Poeschel Verlag, 2. Auflage, Stuttgart, 1993

Preißler, Peter R.; Höfner, Klaus; Paul, Hermann; Stroschein, Fritz-Reinhard: Marketing. Verlag moderne Industrie, 4. Auflage, Landsberg/Lech, 1996

Reimann, Helga; Reimann, Horst: Das Alter; Enke-Verlag, 3. Auflage, Stuttgart, 1994

Zimbardo, Philip, G.: Psychologie. 5. Auflage, Springer-Lehrbuch, 1998